LA
PRISE D'ALGER,

RACONTÉE PAR UN ALGÉRIEN

(TEXTE TURC ET TRADUCTION).

Pendant mon séjour à Constantinople, le hasard m'a fait tomber entre les mains le petit manuscrit[1] dont les pages suivantes reproduisent le texte et la traduction. L'auteur de l'original, Hadji Ahmed Efendi, natif d'Alger, occupait en dernier lieu le poste de gouverneur (kaïmakam) d'Alagah, en Anatolie, où, à en juger d'après une notice insérée dans le Journal de Constantinople, il mourut dans le courant de l'année passée. Il fut témoin oculaire et actif de la plupart des faits qu'il relate, et son écrit semble mériter d'autant plus de confiance. qu'il est rédigé dans ce style simple et pour ainsi dire lapidaire, qui, chez les Orientaux comme ailleurs, peut être considéré comme une preuve, sinon de l'infaillibilité, mais, à coup sûr, de la bonne foi du narrateur. Si l'opuscule ne répand pas de nouvelles lumières sur le sujet qu'il traite, toujours est-il vrai de dire qu'il le place sous un nouveau jour, étant, autant que je sache, le seul travail d'ori-

---

[1] Un autre exemplaire se trouve, si je ne me trompe, dans la belle collection de mon savant ami M. Charles Schefer. Dans le texte du mien j'ai cru ne pas devoir modifier l'orthographe parfois différente de celle présentement adoptée dans les bureaux de la Sublime Porte.

gine indigène sur la matière. Cette considération m'a encouragé à l'offrir au public, et au lecteur français en particulier, chez qui, quel que soit son contenu, il ne pourrait qu'éveiller un double souvenir également flatteur, celui d'un glorieux fait d'armes accompli par sa nation, et d'un service important rendu à l'humanité et à la civilisation chrétienne tout entière.

RELATION DE HADJI AHMED EFENDI, MÉEZOUN (AUTORISÉ À LA LECTURE D'UN COURS DE THÉOLOGIE) DE GUZEL HISARI OMERZADÉ EMIN EFENDI, EX-MUFTI D'ALGER.

Au nom de Dieu! Tout effet a sa cause, cherchez les causes.

C'est Hussein, pacha de Sandoukli, gouverneur d'Alger, qui fut cause que ce pays tomba au pouvoir des infidèles. Le 5 de la lune de ramazan 1243 (21 mars 1828), à la suite d'une discussion entre lui et le consul français, discussion pendant laquelle des paroles injurieuses avaient été proférées de part et d'autre, ce dernier, transporté de colère, finit par mettre la main sur son épée. Les officiers de la maison du pacha, qui se trouvaient présents à la conférence, se jetèrent sur le consul et lui enlevèrent l'arme. Le pacha, dans un premier accès de fureur, voulut le faire mettre à mort. Grâce, toutefois, à l'intervention de son intendant Ibrahim Dayï, qui lui fit observer que la loi interdisait la mise à mort d'un Franc [1] (individu jouissant du droit de

---

[1] Le texte porte *mustèmine*. Ce terme sert à désigner les étrangers qui se trouvent dans l'empire turc sous la foi des traités. (De S.)

LA
PRISE D'ALGER,

RACONTÉE PAR UN ALGÉRIEN

(TEXTE TURC ET TRADUCTION),

PAR M. OTTOCAR DE SCHLECHTA.

1863

EXTRAIT N° 11 DE L'ANNÉE 1862

DU JOURNAL ASIATIQUE.

l'aman), il renonça à son premier projet et se borna à battre le consul et à le chasser honteusement du sein de l'assemblée. Le consul, rentré chez lui, s'empressa de porter le fait à la connaissance de son roi. Le 5 de la lune de zilhidjé de la même année (20 mai 1828), cinq bâtiments français parurent à l'entrée de la rade d'Alger, s'y mirent en panne et invitèrent, par des signaux, le consul à se rendre à bord. Le lendemain ils envoyèrent à la ville une lettre de la teneur qu'ils comptaient maintenir la paix comme par le passé, à condition que les principaux personnages d'Alger se rendraient à bord pour faire leurs excuses; sinon ils commenceraient les hostilités. Hussein Pacha répondit à cette lettre par une autre (adressée au consul), et conçue dans les termes suivants : «Personne ne t'a dit de t'en aller; si, par conséquent, tu entends maintenir intactes les anciennes stipulations, reviens librement, comme tu es parti; sinon, fais comme bon te semblera.» Le consul ayant pris connaissance de ce rescrit, les bâtiments chrétiens firent quelques démonstrations hostiles et partirent. Le jour suivant, Hussein Pacha fit venir chez lui tous les sujets français domiciliés dans la ville, et leur parla dans les termes suivants : «Si vous aussi vous tenez à vous en aller, sachez que je ne vous retiens pas; voilà le chemin! Si, au contraire, vous désirez rester, je ne m'y oppose pas non plus; voici Alger!» Tous répondirent qu'ils ne voulaient pas partir, attendu que la faute, en cette circonstance, n'était pas à lui, mais à leur propre consul. Le 15 de la lune de zilhidjé (28 juin 1828), toutefois, un bâtiment français vint les prendre à bord et les emmena tous. Le 15 de la lune de moharrem 1244 (28 juillet 1828), Hussein Pacha fit appareiller les navires musulmans qui alors commençaient leurs courses en capturant et en vendant les bâtiments de commerce français. Quant aux sommes résultant de la vente, elles furent partagées d'après la loi du pentjik (division du butin en cinq quotes parts). Cette dernière circonstance exaspéra le roi (de France). Il envoya cinq bâtiments qui bloquèrent Alger, en croisant devant la rade. Dans la nuit du 12 de la lune de rebi premier (22 septembre 1828), le pacha lança l'escadre musulmane contre les bâtiments des infidèles. En même temps les oulémas et les hafyzs (récitateurs sachant par cœur le Coran) avaient été engagés à réciter, ceux-là des passages du *Bokhari* (ouvrage religieux très-estimé chez les mahométans), et ceux-ci le chapitre *de la victoire*. Le reste de la population passa également la nuit à adresser au Très-Haut de ferventes sollicitations. Enfin, le matin, eut lieu le choc des deux escadres. Tous les habitants d'Alger assistèrent au spectacle en se recommandant à haute voix à la protection divine. Après une lutte acharnée, les bâtiments ennemis prirent la fuite, et les navires musulmans rentrèrent dans le port. Dans les premiers jours du mois de rebi ulukhir (mi-octobre), parurent douze bâtiments plus grands que ceux qui s'étaient enfuis, et ils se mirent en croisière devant la rade, afin d'empêcher la sortie du port. Néanmoins de petits bâtiments algériens réussirent à quitter le port nuitamment, et dans une direction où l'escadre ennemie ne pouvait s'en apercevoir. Ils continuaient à donner la chasse aux bâtiments de commerce français qu'ils vendaient ensuite soit à Tunis, soit dans le khan situé à quatre stations (konaks) d'Alger, sur la route de Lente, soit aussi[1] en des endroits faisant partie des territoires de Fez et de l'Espagne. Quant aux sommes provenant de la vente, ils les touchaient sous la forme de lettres de change tirées sur Alger, où ils rentraient la nuit par le même endroit ignoré de l'escadre ennemie, par où ils étaient sortis. Une nuit, cependant, trois bâtiments algériens, ayant rencontré du vent contraire avant de pouvoir gagner le port, furent retenus en mer jusqu'au matin, et, par conséquent, découverts par les bâtiments des infidèles, qui se mirent aussitôt à les attaquer. Alors les navires musulmans prirent la fuite et se firent échouer sur le sable, à Zafran-Elwadi[2], à cinq lieues d'Alger; après quoi l'équipage mit le feu aux bâtiments, rentrant à Alger par voie de terre. Bientôt

---

[1] Je crois qu'il faut traduire ainsi : « qu'ils vendaient ensuite soi à Tunis, soit à Oran, ville située à quatre étapes de la plaine d'Alger, sur la route de terre qui mène directement à Ceuta, soit aussi, etc. » Le texte porte وأرخان (*ouarkhane*), pour وهران (*ouahrane*). Il y a beaucoup plus de quatre étapes entre l'extrémité de la plaine de la Metidja et Oran; mais l'auteur ne se distingue pas toujours par l'exactitude de ses indications. (De S.)

[2] C'est le *Ouad Ma-ez-Zafrane* des Arabes, le *Mazafran* de nos cartes. (De S.)

après les Français commencèrent à demander la paix. Treize fois un de leurs bâtiments à deux mâts se présenta devant Alger dans ce but. Mais Hussein Pacha n'accepta point. Quant au motif de son refus, le voici : Les Français insistaient pour que le pacha leur envoyât quelques délégués pour les conduire en France et y conclure la paix en présence du roi, tandis que Hussein Pacha voulait que le traité fût fait par-devant sa propre personne. Cela ne pouvant pas se faire, il n'écouta plus personne. Les chefs de la milice et les principaux personnages de la ville se réunirent pour le supplier. Il refusa. Mehmed Ali Pacha, gouverneur d'Égypte, lui envoya par un bâtiment exprès des hommes qui lui parlèrent dans le même sens. Il ne les écouta point. Les consuls des puissances étrangères offrirent leurs bons offices. Il persévéra dans son refus. Le capitaine d'une corvette anglaise intervint également, et fit même, à cette fin, trois fois le voyage pour l'Angleterre. Le pacha ne l'écouta pas plus que les autres. Abderrahman Efendi, intendant de l'inspecteur en chef de l'arsenal à Constantinople, arriva, chargé d'une mission spéciale de l'astre du monde (le sultan). Hussein Pacha le mit au secret, de façon que personne n'eût jamais connaissance du but de sa mission. Ensuite le pacha s'adressa aux soldats : « La troupe, leur dit-il, la troupe est au sultan ; or le sultan m'a fait parvenir l'ordre de ne pas faire la paix avec les Français. Qu'en dites-vous ? » En réponse tous s'écrièrent que, puisque telle était la volonté du sultan, ils se feraient volontiers hacher en pièces pour la plus grande gloire de la religion. Dans la dernière décade de la lune de moharrem, l'an 1245 (fin de juillet 1829), arriva un bâtiment français à deux ponts, dont le capitaine [1] se rendit à terre, et, accompagné du corps consulaire tout entier, alla solliciter la paix du pacha. Celui-ci refusa à tous. Le capitaine s'étant embarqué de rechef, tandis que son bâtiment s'éloignait, on lui lança bon nombre de boulets qui lui causèrent plusieurs avaries. Cet incident indisposa beaucoup les capitaines algériens. « Qu'est-ce que cela signifie, dirent-ils, que de tirer sur un bâtiment sur lequel flotte le pavillon musulman? La loi sacrée aussi bien que la législation profane défendent de s'attaquer à un parlementaire. Dieu veuille ne pas nous en punir! » Dans la première décade de la lune de rebi premier (31 août-10 septembre), un détachement [2] français ayant débarqué à Tassara [3], endroit distant d'Alger de vingt-quatre lieues, vers l'occident, pour y faire du butin, les Arabes l'assaillirent et lui enlevèrent un prisonnier et vingt-quatre têtes qu'ils portèrent à la ville. Le 1er de la lune de redjeb (27 décembre 1829), Khalil Agha, agent d'Alger à Smyrne, arriva en mission de la part de Leurs Altesses le grand

[1] M. de la Bretonnière.

[2] Le texte porte *soltadi*; c'est le mot espagnol *soldado* (soldat).

[3] Ce mot doit se prononcer *ticerri*; il signifie *gros rocher* en langue berbère. Plusieurs endroits de la Kabylie portent ce nom. Le lieu dont il s'agit est situé à l'ouest du cap de Dellys, le cap Bengout de nos cartes. L'auteur se trompe en le plaçant à l'ouest d'Alger. (De S.)

vizir et Khosrev Pacha. Personne ne put pénétrer alors le but de sa visite. Ce n'est que plus tard, pendant mon séjour à Smyrne, que j'appris qu'il était venu dans l'intérêt de la paix, et qu'on ne l'avait pas écouté. Dans la première décade de la lune de chewal (26 mars-4 avril 1830), deux bâtiments français ayant échoué la nuit près du susmentionné endroit appelé *Tassara*[1], leurs équipages, qui étaient descendus à terre, furent attaqués par les Arabes, qui conduisirent à Alger quatre-vingt-seize prisonniers et y portèrent cent huit têtes. Le 8 zilhidjé (30 mai 1830), le pacha fit arrêter les nommés Cara Moustapha Khodja, Kirkor Ibrahim, Deli Imam et Mehmed Tchauch. Tous les quatre furent mis à mort la veille de l'arifé. « Ceux-ci, dit le pacha à cette occasion aux gardiens de la caserne, font partie de la bande des vingt-sept individus qui conspirent contre moi; quant à ceux qui restent, j'espère pouvoir leur faire subir le même sort. » Comme cependant tout le monde ignorait le crime pour lequel ils avaient été exécutés, les soldats s'en alarmèrent, et, dès lors, une méfiance réciproque commença à se faire jour entre la milice et le pacha. Sur ces entrefaites, les ennemis de l'islamisme tentèrent, le 13 de la lune de zilhidjé (4 juin), un débarquement à Sidi-Feredj[2], endroit

---

[1] Nous savons par le rapport officiel que les bricks français *Silène* et *Aventure* firent naufrage près de Dellys, dans la nuit du 14 au 15 mai 1830. (De S.)

[2] Sidi-Feredj est le nom de la péninsule que les Européens appellent maintenant *Sidi-Ferouch*. (De S.)

situé à l'ouest, à quatre lieues environ d'Alger. Ba-
fréli Ibrahim Dayï, gendre du pacha et commandant
en chef des guerriers arabes, essaya de leur résister
à la tête d'un détachement de ses troupes; mais,
culbuté par l'ennemi, il dut se replier sur Usta-
Veli[1], endroit situé à peu près à une heure de Sidi-
Feredj. Là il fut rejoint par mille hommes faisant
partie de la garnison turque de la ville, qui alors
se composait de trois mille hommes, ainsi que par
les Arabes accourus de toutes parts. Le samedi 18
de la lune de zilhidjé (9 juin), les musulmans atta-
quèrent les infidèles et les mirent en déroute. Déjà
nombre de têtes et d'oreilles avaient été expédiées
à la ville, où leur arrivée fit éclater un sentiment de
satisfaction générale, lorsque la chance tourna, et
cette fois-ci ce furent les guerriers musulmans qui
battaient en retraite. Alors le pacha me fit quérir
pour me faire part de la défaite qu'on venait d'éprou-
ver. Je tâchai de le consoler, après quoi il alla se
jeter au-devant des fuyards que, par ses exhortations
et ses bons conseils, il parvint à faire rebrousser chemin jusqu'à Aïne-Zirka. Là eut lieu une nouvelle
rencontre avec les infidèles, qui, après un combat
de quelques instants, se retirèrent sur Sidi-Moha-
med, où ils s'arrêtèrent. C'est dans cette position,
c'est-à-dire les Français se maintenant à Sidi-Moha-
med et les musulmans à Aïne-Zirka, que le combat
se renouvelait du matin au soir pendant douze jours

---

[1] *Usta-Ouéli* signifie le *maître saint.* C'est le *Staouéli* des Européens. (De S.)

consécutifs. Une nuit toutefois, les musulmans ayant été mis en déroute à la suite d'une attaque nocturne et inattendue de la part des infidèles, ceux-ci réussirent à mettre le siége devant la citadelle d'Alger, tout en ouvrant des tranchées autour de la ville. Le même jour, les bâtiments chrétiens partis de Sidi-Feredj s'embossèrent devant la rade d'Alger. Le bombardement, simultanément ouvert par terre et par mer, se prolongea jusqu'à ce que la garnison du fort situé sur le flanc de la montagne et appelé *le fort espagnol*[1], se voyant hors d'état de résister davantage, l'abandonna, après avoir mis le feu à la poudrière. L'explosion fit trembler la ville et frappa de stupeur tout le monde. Alors Hussein Pacha convoqua les notables de la ville pour tenir conseil. La population tout entière vociférait contre lui en l'accusant à hauts cris d'être l'auteur de sa présente situation. En attendant, il avait député le consul anglais ainsi que son Divan Efendi et le capitaine Arnaut (l'Albanais) Ali vers le commandant en chef de l'armée française, afin de sonder ses intentions. Celui-ci répliqua par une missive suivant les termes de laquelle il accordait vingt-quatre heures pour délibérer sur la reddition de la place, tout en déclarant qu'il sévirait contre elle dans le cas où il devrait l'emporter de vive force. Lecture ayant été faite de ce rescrit, le pacha, d'accord avec les principaux personnages de la ville, vota en faveur de la soumission. Quant à moi, ne pouvant m'y décider, j'as-

---

[1] Appelé maintenant *Fort de l'Empereur.* (De S.)

semblai les pieux musulmans, et, tout en leur exposant ce qu'il y avait de glorieux dans le martyre et quelle était la récompense réservée à ceux qui savaient se dévouer à la cause de Dieu, je les engageai à me suivre (contre l'ennemi). Effectivement ils firent pénitence, et, après s'être réciproquement pardonné leurs péchés[1], ils se mirent en marche derrière moi en entonnant le cri du Tekbire (Dieu est grand). En ce moment les femmes se précipitent au-devant de nous, jetant leurs enfants à nos pieds et s'écriant : « C'est bien, si vous êtes vainqueurs; mais si vous ne l'êtes pas, sachez qu'alors les infidèles viendront nous déshonorer. Partez donc; mais avant de partir, immolez-nous! » Pendant que je m'efforçais d'apaiser les femmes, le pacha me fit chercher et me dit : « Sache, mon fils, que j'ai désobéi à notre souverain, qui ne m'a point autorisé à agir comme je l'ai fait. Aussi ai-je succombé. Tel est le sort de ceux qui se mettent en opposition avec leur padichah. » Ces paroles, je les transmis aux soldats, en leur faisant comprendre que, puisque le khalife était contraire à la guerre, la religion nous commandait de ne pas la continuer. Là-dessus ils s'écrièrent : « Ah! c'est donc ainsi que se sont passées les choses! Après avoir, par amour pour la foi et notre souverain, quitté notre famille et notre patrie pour endurer dans ce pays lointain toutes les privations de l'exil, nous voici, après tout, réduits à l'état de rebelles! » Et ils voulurent tuer le pacha.

---

[1] Je traduirais : « Après s'être fait leurs derniers adieux. » (De S.)

Hélas! à quoi cela aurait-il servi, Alger ayant été une fois détruit? Enfin, Dieu préserve tout pays musulman d'un pareil spectacle! les infidèles firent leur entrée dans la ville. Sur ces entrefaites toute la population, hommes et femmes, se pressait au seuil de mon logis en criant d'un ton lamentable : « Puisque déjà il faut périr, mieux vaut mourir devant la porte d'un aalime (membre du clergé musulman)! » A cet aspect, le cœur me défaillit, et je m'imposai l'humiliation d'aller intercéder en leur faveur auprès du commandant en chef des infidèles. Grâce à mille procédés insinuants, je réussis à en obtenir une déclaration (patente) assurant le libre départ à ceux qui voudraient partir, et sécurité pleine et entière à ceux qui compteraient rester. En outre, il y fut inséré l'autorisation de continuer, comme par le passé, le libre exercice de l'*ézane* (appel à la prière du haut des minarets)[1]. Cette déclaration, je la fis approuver par les consuls des autres puissances, qui y apposèrent leurs sceaux respectifs. Ensuite je retournai au milieu du peuple assemblé devant ma maison, et, en lui consignant le papier en question, je lui dis : « C'en est fait d'Alger; mais n'importe, et vive le sultan! De quelque côté qu'il tourne le regard,

[1] Ce fut Hamdan-ben-Ahmed-Khodja qui négocia le traité de capitulation, au nom du dey, dont il fut le secrétaire. Hadji Ahmed Efendi, ex-mufti d'Alger et auteur de cette notice, s'en attribue tout le mérite. J'ai connu Hamdan-ben-Ahmed à Constantinople, et ce fut par son habile entremise que j'ai pu effectuer l'achat du précieux manuscrit des *Annales* d'Ibn-el-Athîr qui appartient maintenant à la Bibliothèque impériale. (De S.)

il lui reste bien d'autres cantons encore plus floris-
sants et plus solides que celui-ci! »

Finalement, je suis arrivé ici (à Constantinople)
avec ceux qui ont émigré dans cette direction. Cependant, partout où éclatera la guerre sainte, je
m'y rendrai, oh! certes, je m'y rendrai, et ce n'est
qu'avec ma vie que je renoncerai à la guerre sainte!
Plaise à Dieu que cela soit ainsi!

سابقده جزايرده مفتى اولان كوزلحصار ايدينى حاج
عمر افندى زاده امين افندى مأذونلرندن
لحاج احمد افنديفك تقريريدر

بِسْمِ اللّٰه لكلّ شي سبب فاتّبع سببًا جزاير غرب بلدهسى
استعلاء كفّاره مبتلا اولمغه سبب والئ جزاير صاندهقليلى
حسين پاشا بيك ايكيوز قرق اوج رمضان شريفلك بشنجى
كوني افرنجه قونسلوسيله محبت اوانده بربرلريين كلمات
قبيحه سويليوب مغاضبه اوانده قونسلوس پاليوشه
داورانوب: مجلسده حاضر اولان خدمه قونسلوس
مسلورى ضبط وبند ايدوب الندن پاليوشنى الوب بو
غضب حالنده حسين پاشا قونسلوسك قتل اولمسيله
امر ايدوب پاشانك كتخداسى مغنيسيبالى ابراهيم دائ
رجايه دوشوب افندم مستأمنى قتل قانونه مخالفدر

ديدكده قتل ايتمدى ايسه‌ده ضرب ايدوب رذيل
رسوای مجلسدن طرد ايدوب قونسلوس مسفور علّنه
كلوب قرارلنه عرضحال ايلدى سنۀ مرقومه دی القعده‌سنك
بشنجی كونی درت عدد افرنج سفينه‌سی كلوب
پیشگاه جزايرده حوريصه طورپ اشارت چكوب قونسلوس
لرين جلب ايدوب فرداسی كون جزايره بر نامه ارسال
ايتديلر شويله دمشلركه آكر كبار جزاير سفينه‌مزه
كلوب امانه دوشلرايسه ينه اسكی صلح اوزره ثابتلرز
والا نقص عهد ايدوب عداوته مباشرت ايدرز بو نامه‌نك
جوابنده حسين پاشا شويله مكتوب تحرير ايتديكه
آكر اسكی صلح اوزره ثابت ايسك سكاكيمت دمش يوق
كيتديككك كبی كل وآلا افعل ما شئت قونسلوس
مسلور بو مكتوبی اوقيوب عقبنده عداوت علامتلريی
اظهار ايدرك سفائن نصاری چقوب كيتدكلرينك فرداسی
كونی حسين پاشا جزايرده ساكن نقدر افرنج طائفه‌سی
وارايسه حضوربنه جلب ايدوب آكر سزده كبدرسكر
منع ايتهم اشته يول آكر طوريسكر رد ايتم اشته جزاير
ديدكده جمله‌سی بر كمشيوز بو بابده تهمت سنده دكل
بزم قونسلوسمزده اولدی ديديلر ايسه‌ده ماه دی
الحجه‌نك اون بشنجی كونی بر افرنج سفينه‌سی كلوب

جزايرده كائن نقدر افرنج وارايسه قالدروب كتوردى سفنه
بيك ايكيوز قرق درت محرمنك اون بشنجى كونى حسين
پاشا سفائن اسلاميّه‌يى تجهيز ايدوب دريا يوزينه سوق
ايدوب بشلديلر فرانس ملتنك بازركان سفينه‌لرينى
الوب فروخت ايدوب اجّه‌سنى پاى پنجك ايتدكلرينى
قرال تحمّل ايده‌ميوب جزاير ليماننى سد ومرور عبورى
رد ايچون بش عدد سفينه تعيين ايدوب قدام جزايرده
كشت وكذار اوزره ايكن ماه ربيع الاولينك اون ايكنجى
كيجه‌سى حسين پاشا سفائن اسلاميّه‌يى دونادوب كيجه‌لين
كقّار سفينه‌لرينك اوزرينه سوق ايدوب علماء جزاير
بخارى شريف حافظلر سورهٔ فتح اوقومقله مأمور اولوب
اول كيجه اهالئ جزاير تاكه صباحه قدر حق جلّ
وعلايه تضرع ونياز ايدوب على الصباح سفائن اسلاميّه
سفائن كفره‌يه ملاقى اولوب جمله اهالئ جزاير سيره
باقوب الله الله امداد ديوب جاغرشورلرايكن بر عظيم
غوغا اولوب بعده سفائن اعدا فرارهٔ شروع سفائن اسلام
كلوب ليمانه داخل اولديلر ماه ربيع الاخرك ابتداسنده
فرار ايدن سفائندن بيوك اون ايكى عدد سفينهٔ افرنج
كلوب پيشكاه جزايرده دور وقطع مارسه ايتمك قصده
ايتديلر ايسه‌ده كيجه‌دن كيجه‌لين جزايرك كوچك سفينه‌لرى

سفائن اعدانك كورمز طرفندن چقوب فرانسەنك بازركان
سفینەلرینی الوب بعضنی تونسدە بعضنی جزایر
قصالرندن سبتەیە طوغری برًا درت قوناق مسافەدە
وار خاندە بعضنی فس دیارلرندە بعضنی اصپانیول
دیارلرندە فروخت ایدوب الجمەسنی جزایرە بولوجە
ایدوب ینە كیجەلین كفار سفینەلرینك غفلت طرفندن
كلوب جزایرە داخل اولورلرایدی بركیجە اوج عدد
اسلام سفینەسی جزایرە داخل اولام درایكن هوا مخالف
كلوب دریادە قالوب صباح كفار سفینەلری بونلری كوروب
اوزرلرینە هجوم ایدوب اسلام سفینەلری فرار ایدوب
جزایر اقلیمندن بش ساعتە زعفران الوادی نام محلّه باشدن
قرە ایدوب اسلام عسكری كندو سفینەلرینی اتشلوب
برًا كلوب جزایرە داخل اولدیلر بوندن صكرە بشلدی
فرانسر صلح استمكی ایكی دیركلی بر سفینەسی اون اوج
دفعه كلوب صلح استدی حسین پاشا قبول ایتمدی عدم
قبولنە سبب درکه بر قاج ادم ور كتوریرم قرال
حضورندە میثاق بغلایالم حسین پاشا درکه میثاق بم
حضورمدە بغلانسون اولمیوب حسین پاشا كسنك كلامنی
اصغا ایتمدی اوجاق قیودانلری كبار جزایر رجا ایتدیلر
قبول ایتمدی مصر والیسی محمّد علی پاشا مخصوص بر

سفينه دروننده عاقل آدملر كوندرمش انلرك كلامنى

قبول ايتمدى سائر دولتك قونسلوسلرى رجا ايتدى قبول

ايتمدى بر انكليز قريتنى قپودانى اصلاح ايچون بين اچون ارايه

كردى اوج دفعه انكلتره‌دن كلدى كيتدى انك كلامنيده

اصغا ايتمدى درعليه طرفندن ترسانه ناظرتنك كتخداسى

عبد الرّحمن افندى مأموريت حضرت شمس جهان برله

كلدى اول آدمى بر محفوظ محلّه قپوب كيمسه ايله الفت

ايتدرمدى بر كيمسه انك مأموريتنى بلدى صكره

عسكر بيننده شويله خبر ويردىكه اوجاق پادشاهك باكه

فرمان كوندرمشكه فرنج ايله صلح اولميالم ندرسكر

عسكر جمله‌سى جاغرشدىلر پادشاهى بويله دييجك

جمله‌مز دين اوغرينه قرق قرق اولورز ديديلر سنه بيك

ايكبيوز قرق بش محرّمنك اواخرنده ايكى انبارلى بر افرنج

سفينه‌سى كلوب قپودانى چقوب سائر دولك قونسلسلرينى

معيّتنه الوب باجمعهم حسين پاشايه رجايه چقدىلر

جمله‌سنى رد ايدوب مسفور قپودان سفينه‌سنه سوار

اولوب كيدرايكن وراسندن چوق طوب اتوب سفينه‌يى

مجروح ايتدكلرندن قپودانلر خوشنود اولميوب نه دمه‌در

اسلام سنجاغى اوستنده ايكن لمجيه زوال هم قانونه مخالف

وهم شريعته مخالف قورتارز كه اللّه برى تربيه ايدر ديو

محزون اولدیلر ماه ربیع الاولینك اوائلنده جانب
غربده ٣ ساعت تسری نام بر صنه سرقت ایچون بر
مقدار المرنج سلطه‌دی چیقش عرب طائفه‌سی هجوم
ایدوب بر دانه‌سنی حتّی یکرمی درت عددینك رأسنی
جزایره کتوردیلر ماه رجب شریف غره‌سنده ازمیر
سکانندن جزایر ناظری حاج خلیل افندی دولتلو صدر
اعظم وخسرو پاشا طرفندن بر مأموریّت ایله ظهور
ایدوب نه مصلحت ایچون کلدیکنی اکلامدن کیتندی
صکره ازمیرده کندوسندن خبر الدمکی صلح ایچون
کلمش ایسه‌ده اصغا اولنمامش ماه شوّالك اوائلنده ایکی
عدد المرنج سفینه‌سی مذکور تسری نام صنه کیجه وقتی
از قضا باشدن قره اولوب عسکرلری طشره‌یه چیقش
عربلر بونلری طوتوب طقسان التی عددینی حتّی یوز سکر
عددینك رأسنی کتوردیلر ماه دی الحجه‌نك سکزنجی کونی
قره مصطفی خوجه نام بر کسنه وکیرکور ابراهیم نام
برآدم دلی امام نام برآدم محمد جاوش نام برآدم طوتوت
بو درت کسنه‌یی عرفه کیجه‌سی قتل ایلدی وقتهلا
قیوجیلرینه دمشکه بونلر یکرمی یدی عدد فتنه
در باقیلرینی دی بویله اینتسم کرکدر بونلرك جنجه‌سی
بلنهامکله بجله‌ه عسکر خونه دوشوب عسکر پاشادن پاشا

عسکردن نصرت اوزره ایکنی ماه دی الحجّه‌نك اون اوجنجی

كونی اعدای دین ظهور ایدوب جزایرك مغرب جانبندن

تخمیناً جزایر ایله بینی درت ساعت مقداری سیدی

فرج نام بر محلّه عسکر چقارمق قصد ایدوب حسین

پاشانك دامادی عرب اغاسی بافره‌لی ابراهیم دائی بر مقدار

عسکر ایله مقاومت ایدوب انجام تهیّل ایده‌میوب كر

ورجوع ایدوب اول محلّه بر ساعت مقداری اوستنه ولی

نام بر محلده ثابت اولوب جزایرده حاضر اولان اوج بیك

ترك عسکرنیك بیك عددی اوسته ولیبه كیدوب اطران

واكنافدن عریان جمع اولوب ماه دی الحجّه‌نك اون سکزنجی

سبت كونی علی الصّباح اسلام عسکری كفّار اوزرینه هجوم

ایدوب كفّار عسکری منهزم اولوب جزایره نیجه كلّه

قولاق كلوب اهالئ جزایر مسرّت اوزره ایكن امر بر عکس

اولوب هزیمت اسلام عسکرینه دوشوب پاشای مرقوم بو

نقیری كتوروب هزیمت خبرینی افاده ایلدكده پاشایه

بر از تسلّی ایدوب منهزم عسکرك قارشوسنی چقوب تسلّی

ایدوب وعظ ونصیحتلر ایدوب كیرویه ارجاع ایدوب

عین زرقه نام محلده كفّار ملاقی اولوب بر نبذه جنکدن

صکره كفّار رجوع ایدوب سیدی محمد نام بر محلده

ثابت اولوب اسلام عسکری عین زرقه‌ده كفّار عسکری

سبيدى محمده بو حالده صباحدن اخشامه دجق اون
ايكى كون غوغا اولوب هر كيجه كفّار عسكرى هجوم ايدوب
اسلام عسكرى غفلتده اولمغله پريشان اولوب كفّار كلوب
جزاير قلعه سنى محاصره ايلبوب جزايرك اطراف واكنافنى
خمسه قلر قازوب اوّلكون سفائن نصارى سيد فرجدن
قالقوب جزاير پيشكاهنه كلوب برّاً بحرًا جزايرك اوزرينه
قلعه قباره قورشون ايله جنك ايدوب انجام جزايرك طاغ
جانبنده اولان اصهانيول برق تعبير اولنان برجده
اسلام عسكرى طاقت كتوره ميوب جبه خانه لى اتشليوب
قاچشلر برج اتش الدجق جزايره برزلزله اولوب هركس
متحير اولديلر بو حالده حسين پاشا كبار جزايرى جمع
ايدوب مشورت ايتدى جمله خلق پاشايى كلات قبيحه لر
سويله يوب بزم بو حالمزى سبب اولدك ديو فرياد وفغان
ايدوب انكليز قونسلوسلرينى وپاشانك ديوان افندىسنى
وارته سوط حاق على قبودانى فرنج عسكرينك رئيسنه كوندرب
استخراج ايتنديلر شويله بر نامه كوندرمشكه يكرمى دورت
ساعت مهلتدر مشاوره ايديكز اكر رام تسلم اولورسكر
فنعم وآلا اكر قهر غلبه ايله اولورسم كسر عرض ايدرم
بو نامه قرائت اولندقده پاشا وسائر وجوه رام اولمغى
ترجيح ايتنديلر ايسه ده بو عاجز تحمّل ايده ميوب اسلام

دلاورلرن جمع ایدوب شهادت فضائلنی خبر وبیعت
اجرنی بیان ایدوب جمله کناهلرینه توبه ایدوب
بربرلریله حلاللشوب بو فقیرۀ بیعت ایدوب تکبیر القرق
کیدر ایکن نسا طائفه‌لری اوکومزه کچوب آکر غلبه
ایدرسکز ننعم واللّا کفّار بزم عرضمزی کسر ایدر کلکر
بزی ذبح ایدیکز صکره کیدیکز دیوب جوجوقلربنی
اوکومزه اتدیلر انلری تسلّی ایدرایکن باشا بر خبر
کوندرمش واردم درکه اوغلم بن پادشاهه اطاعت ایتمدم
بنم بو مصلحته رضای همایون یوق ایدی بن مبتلا اولدم
پادشاهنه مخالفت ایدن بنم کبی اولور دیدیکنی کلوب
عسکره خبر ویروب ورضای خلیفة اللّه اولمدقجه قتال
منهی عنه اولدیغنی خبر ویروب آه بزه مصلحت بویله
میمش بز ایسه اقربایی ووطنمزی ترک ایدوب خدمت
دین ودولت ایچون بویله بعید محلّه کلوب غربتنه تحمّل
ایتدك انجام حالمز عصیانمی اولدی دیوب پاشایی قتل
مراد ایتدیلرنه چاره بعد خراب الجزایر بو حالده
اللّهم احفظ جمیع بلاد المسلمین عن هذا کفّار کلوب
جزایره داخل اولدقده جمله نسا ورجال باب کثری
پیشکاهنده فریاد باری اولور ایسك عالم قیوسی اوکنده
اوله‌لم دیوب اغلدقلرینه تحمّل ایدمیوب ذلّ حقارتی

ارتكاب ايدوب كتّارك رئيسلرينه رجابه كيدوب بيك
بوليتيقه ايله الندن برينتنتى الوب كيدنلرى منع ايتم
استدكلرى معلّه كتسونلر طورانلرى غدر ايتم عرض
ووقارلريله طورسونلر واذان محمّديه اوتنسون نهى ايتم
ديو وبو بنتنتىيه سائر دولك قونسلوسلرينه شهادت
مهرنى باصديبروب كتورب اللرينه تسليم ايدوب جزاير
كيتدى ايسه پادشاهر صاغ اولسون هرنريه نظر ايتسه
جزايردن معلمور متين اوجاق اولور ديو تسلّيملر ويروب
بوطرفه كلانلرايله برابر كلدم ينه بر يرده جهاد اولور
ايسه ينه كيدرم ينه كيدرم تاكه اخر عمره قدر جهاددن
منقطع اولمم انشاء الله تعالى

FIN.

9 782013 668712